Bärbel B. Kappler

…den schickt er in die weite Welt -

In den Himalaya nach Bhutan

Für Hans, den besten Gefährten auf Reisen und im Leben

Text: Bärbel Kappler
Umschlagsgestaltung und Fotos:
Hans und Bärbel Kappler
Titelfoto: der Tigernest-Tempel
Rückseite: Mönche auf dem Weg zum Tempel
Herstellung und Verlag:
BoD – Books on Demand, Norderstedt
ISBN 978-3-7347-7040-1
Erscheinungsjahr: 2015
Alle Rechte bei der Verfasserin

Bhutan – Märchenland im Himalaya

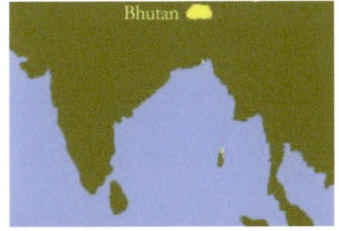

Es war einmal ein Land, das hieß Bhutan. Es hatte nur 700 000 oder 750 000 Einwohner – genau weiß man es nicht –, obwohl es etwa so groß war wie die Schweiz. Seine Berge waren noch viel, viel höher als die in der Schweiz, denn es lag nicht in den Alpen, sondern im Himalaya, im Norden begrenzt von Tibet, im Westen, Süden und Osten vom großen Nachbarn Indien. Seine höchsten Berge waren über siebentausend Meter hoch. Noch niemals hatte ein Mensch sie bestiegen. Denn obwohl die Menschen hier den Lehren Buddhas folgten, glaubten sie doch fest daran, daß auf den vielen hohen Berggipfeln Götter und Geister wohnten. Niemand hätte es je gewagt, sie in ihrer eisigen Bergeinsamkeit zu stören. Und so bekamen auch fremde Bergsteiger niemals die Erlaubnis, die Gipfel zu erklimmen.

Natürlich hießen die Bhutaner Reisende, die ihr Land kennenlernen wollten, willkommen. Um sich aber vor Reisenden, die bösen Geistes waren, zu schützen, mußten diese nicht nur ein Visum beantragen, sie mußten auch Hin- und Rückreise mit dem Flugzeug zurücklegen. Landerechte aber hatte nur die landeseigene Luftfahrtgesellschaft, Druk Air, die die

Fremden im indischen Delhi oder in Thailands Hauptstadt Bangkok abholte. Das kleine Bhutan besaß aber nur zwei Flugzeuge und hatte nur acht eigene Piloten, die besonders geschult werden mußten, denn eine Landung in dem gebirgigen Gelände war sehr schwierig. Für jeden Tag ihres Aufenthalts mußten Reisende außerdem 200 Dollar bezahlen. Sie durften nur mit einem einheimischen Führer durch das Land fahren. So erreichten es die Bhutaner, daß nicht zuviele Reisende kamen, die das schöne Bhutan womöglich verändert hätten; sie wollten ihr Land vor allzu vielen fremden Einflüssen schützen.

Eines Tages reiste ein Mann mit Namen Werner nach Bhutan. Werner war ein neugieriger Mann. Ihn interessierten Land und Leute, besonders aber das bhutanische Kunsthandwerk. Denn wenn die Bauern am Abend oder im Winter nicht mehr in der Landwirtschaft arbeiten konnten, dann stellten sie für ihren täglichen Gebrauch die kunstvollsten Gegenstände her:

schön gefärbte und gewebte Stoffe für ihre Kleidung, allerlei Behälter aus Peddigrohr und Bambus für ihre Vorräte, Papier aus Seidelbast, Töpfe aus Ton und was derartiger Dinge aus Holz, Stein oder Metallen mehr sind. Sie nannten ihre Fertigkeiten, die wahrscheinlich im 17. Jahrhundert sogar kodifiziert worden waren, in ihrer Sprache „Zorig chusum"; das heißt soviel wie „dreizehn wissenschaftliche Erzeugnisse".

Werner beobachtete all diese Arbeiten genau, und da er eine Filmkamera bei sich hatte, filmte er jeden Arbeitsgang und hielt auf diese Weise die verschiedenen Techniken auch für solche Menschen fest, die nicht nach Bhutan reisen konnten, die sich aber für das Land oder seine Kunst und Kultur interessierten. Seine Filme waren so gut, daß sie von vielen Museen in Europa und Amerika, die Exponate aus Bhutan besaßen, angekauft wurden.

Auch der König des Landes erfuhr von den wunderbaren Filmen. Natürlich interessierten ihn als

König diese Bildstreifen außerordentlich, zumal er aus ihnen etwas Wichtiges über sein eigenes Land erfahren konnte. Die schönsten Dinge hatten die Bhutaner immer für ihren König gefertigt. Dazu gehörten die königlichen Stiefel, die er so oft und gerne trug. Sie bestanden aus Leder und feiner Brokatseide, waren bestickt und entsprachen in der Farbe dem Rang ihres Trägers, genauso wie die Farben der großen Schals, die die Männer trugen, wenn sie in den Dzong, die Klosterburg, gingen oder zu sonstigen offiziellen Anlässen: safrangelb für den König und das ihm ebenbürtige religiöse Oberhaupt des Landes, den höchsten Lama, orange für die Minister, dunkelblau für die Volksvertreter, die dem königlichen Beraterstab angehörten. Ein roter Schal wurde verdienten, vom König auserwählten Männern des Landes verliehen. Gewöhnliche Menschen trugen einen weißen Schal, d. h. gewöhnliche Männer, während Frauen sich mit einem rotgestreiften Schal schmückten.

Nun aber zeigte sich, daß es im ganzen Land nur noch einen einzigen Stiefelmacher gab, und der war schon sechsundfünfzig Jahre alt. Die mittlere Lebenserwartung aber lag nur wenig höher, bei dreiundsechzig Jahren.

Da schickte der kluge König Boten durch sein Land, die sollten junge Leute finden, die bereit und in der Lage waren, dieses schwierige Handwerk zu erlernen. Wenn der König rief, verweigerten sich ihm seine Untertanen nicht. Und so gab es bald wieder mehrere Stiefelmacher im Land. Da die Traditionen dem König heilig waren, so ordnete er an, daß die männlichen

Mitglieder seiner Familie sowie alle Würdenträger, insbesondere Minister und die wenigen gewählten Vertreter des Volkes, bei offiziellen Anlässen die prächtigen Stiefel tragen mußten. Das taten sie dann auch gerne.

Auch in einem anderen Punkt beugten sich die Menschen dem Willen ihres Herrschers, doch fast mußte er ihnen ihr Glück aufzwingen. Er wollte die seit 1907 bestehende Monarchie, in der seine Vorfahren seit fast hundert Jahren allein regiert hatten, in eine konstitutionelle Monarchie umwandeln, sodaß er als König nun zwar Staatsoberhaupt und Regierungschef sein würde, die Politik jedoch nur zusammen mit dem Parlament bestimmen könnte. Und so kam es, daß Bhutan nun 150 Volksvertreter hat, wovon alle drei Jahre 105 vom Volk gewählt werden, während zwölf vom Klerus entsandt und 33 vom König ernannt werden.

Einige Jahre später, nachdem Werner, der neugierige Filmer, das Land ein zweites Mal bereist hatte, wurde er vom Sohn des Königs, der inzwischen auf Wunsch seines Vaters der neue Souverän geworden war, für seine herausragende Arbeit ausgezeichnet. Er wurde von dem jungen König und seiner gerade frisch angetrauten Braut als Ehrengast der British-Bhutanischen Gesellschaft zu einem Dinner nach London eingeladen. Das junge Königspaar unterhielt sich persönlich mit dem Mann, der zur Bewahrung der bhutanischen Traditionen einen so wichtigen Beitrag geleistet hatte. Welcher gewöhnliche Sterbliche durfte sich jemals mit dem König unterhalten, noch dazu mit einem König, dessen Untertanen, wenn er mit seinem Mountainbike durch die Straßen der Hauptstadt fährt, noch immer in Respekt den Blick senken! Werner jedenfalls fühlte sich, ganz zu recht, hochgeehrt.

Und da er nicht gestorben, sondern noch immer unserer quicklebendige Vetter ist, haben wir die märchenhafte Geschichte von ihm persönlich erfahren und konnten sie hier aufzeichnen. Werner hatte seine Begeisterung für das kleine Land auch auf uns übertragen und so unsere Neugier geweckt.

Eines Tages ergab sich für uns die Gelegenheit, selbst das Märchenland zu erleben. Wir konnten Bhutan mit einer Gruppe von Kiwaniern bereisen und aus eigener Anschauung feststellen, daß das Märchen Bhutan Wirklichkeit ist. Die Mitglieder der internationalen Kiwanis-Organisation setzen sich, ähnlich wie die bekannteren Lions oder Rotarier, für hilfsbedürftige Menschen ein. Das Motto von Kiwanis lautet: „Serving the children of the world", Kiwanier unterstützen bedürftige Kinder; so auch, und zwar ganz besonders, der Kiwanis-Club von Bregenz in Österreich. Dieser hat in Bhutan eine Schule gebaut.

Nun muss in Bhutan zwar niemand Hunger leiden, aber es ist dennoch ein armes Land und auf die Unterstützung anderer, reicherer Länder angewiesen. Direkte Hilfe leistet der Nachbar Indien, der im Falle eines Angriffs sogar militärisch unterstützend eingreifen würde;

aber auch einige kleinere Länder wie Dänemark und Österreich engagieren sich mit Entwicklungshilfe. Von Amerika oder anderen Großmächten nimmt Bhutan keine Hilfsleistungen an, denn von solchen einflußstarken Ländern wollte und will es nicht abhängig werden. Die Zusammenarbeit mit den österreichischen Kiwaniern aber wurde gern gesehen und die von ihnen gebaute Schule dankbar angenommen. Da nun die Kiwanier aus der Stadt Bregenz eine besondere Liebe zu Bhutan entwickelt hatten, boten sie weiteren Kiwanis-Mitgliedern eine Reise dorthin an. Dazu fanden sich neunzehn Clubmitglieder nicht nur aus Österreich, sondern auch aus der Schweiz und aus Deutschland zusammen, darunter auch Hans und ich.

Der Flug von Delhi nach Paro, dem bis zu der Zeit einzigen fertiggestellten Flughafen Bhutans in der Nähe der Hauptstadt Thimphu – sie liegt auf 2300 Metern Höhe über NN –, vermittelte uns beim Landeanflug das Gefühl einer Achterbahnfahrt. Der Airbus A 319 folgte in niedrigem Flug den engen Kurven des vorgelagerten Tals, sodaß die Fluggäste glaubten, auf der einen Seite die Baumwipfel berühren zu können, auf der anderen Seite die Menschen durch die Fenster ihrer Häuser zu sehen. Wie gut, daß nur die landeseigenen ortskundigen und geübten Piloten Paro anfliegen!

Die kleine Halle im Flughafengebäude erinnerte mit ihren Schnitzereien und Bildern an das Innere eines Tempels. Doch auch zwei Plakate fielen uns, die wir aus Bremen kommen, sogleich ins Auge. Auf dem einen waren vier Tiere, von uns spontan die „Bhutanischen Stadtmusikanten" genannt, abgebildet übereinander: ein Elefant, ein Affe, ein Kaninchen und ein Vogel. Wir sahen sie noch oft, als Bilder oder Skulpturen in Tempeln und im Hof der Kunstschule von Thimphu. Sie symbolisieren bei aller Verschiedenheit gute Zusammenarbeit, Toleranz und Freundschaft. Das Bild war überschrieben mit „Cross National

Happiness", oberstes Ziel allen politischen Wirkens. Was für ein Staat muß das sein, der nicht die Steigerung des Bruttosozialprodukts, des „Cross National Product" anstrebt, sondern das Glück seiner Bewohner, „Happiness"! In Artikel 9, Absatz 2 der Verfassung steht: „Der Staat bemüht sich, jene Bedingungen zu fördern, die das Streben nach Bruttoinlandsglück ermöglichen." Märchenhaft! Oder nur schöne Worte?

In diesen Zusammenhang gehört auch das zweite Plakat der kleinen Flughafenhalle. Es war eine öffentliche Bekanntmachung. Sie wies darauf hin, daß Rauchen im ganzen Land verboten sei. Ein Beitrag zum Glück? Glück, das erzwungen wird, weil sonst die Gesundheit gefährdet ist? Die Einfuhr von Tabak und Tabakprodukten muß von jedem Fremden angegeben werden, andernfalls drohen ihm drei bis fünf Jahre Gefängnis. Offensichtlich wird Tabak als Suchtmittel, als Droge, eingestuft, denn die Bekanntmachung stammt von der Bhutan Narcotic Control Agency. Auch bei uns sind Drogen illegal, nur kann der Staat es kaum durchsetzen, auch Tabak als strafbewehrte Droge zu werten.

Auf uns warteten zwei Kleinbusse mit ihren beiden Fahrern und dem Reiseleiter, Sonam; alle drei, wie vorgeschrieben, in traditioneller bhutanischer Kleidung, dem „Gho", einem karierten oder vertikal gestreiften Mantel, der mit einem Gürtel, dem „Kera", zusammengehalten wird. Über den Ärmeln befinden sich breite weiße Stulpen; die Füße stecken in Kniestrümpfen und schwarzen Lederschuhen. Sonam fror in dieser Kleidung ziemlich oft, aber nur selten zog er einen warmen Anorak über. Seine nackten Knie bezeichnete er als „Klimaanlage". So ironisch konnte er sein.

Auf einer von den Indern im Jahr 2007/2008 ausgebauten Straße fuhren wir die sechzig Kilometer in die Hauptstadt, oder sollte ich besser schreiben: in das Hauptstädtchen? Thimphu hat nur rund hunderttausend Einwohner, etwa so viele wie Trier.

Unterwegs erwarteten uns zwei sehenswürdige Orte.

Der erste beeindruckte durch eine Brücke, die aus Eisenketten gefertigt war und sich zwischen zwei kleinen Gebäuden über einen schnell dahinfließenden Bergbach spannte. Der Boden dieser Hängebrücke war mit Bambusstreifen verflochten, das Eisendrahtgeländer dicht von Gebetsfahnen umflattert. Die Enden der dicken Eisenketten nebst ihrer Befestigung waren auf beiden Seiten in fast gleichen zweistöckigen Hütten verborgen. Die Brücke schwankte heftig, als wir sie betraten, aber vermutlich wurde sie von nur wenigen Menschen benutzt, denn auf der anderen Seite des Flüßchens auf dem Rücken des Berges befand sich lediglich die Klause eines Einsiedlers.

Jeder landschaftlich herausragende Ort in Bhutan, wie Bergpässe, Flußmündungen, überhängende Felsen, aber eben auch Brücken, spielen in der Vorstellung der Menschen eine besondere Rolle. Es sind seit jeher Orte zum Innehalten, Orte für Dank an die Götter, daß man so weit gekommen ist und für Bitten um eine gute und sichere Weiterreise auf der Straße wie auch auf dem Pfad des Lebens. Deshalb findet man dort stets Gebetsfahnen, die nebeneinander an langen Bändern bunt im Wind flattern oder an einer hohen Fahnenstange befestigt sind. Außerdem stehen dort meist Stupas, auch Chorten genannt. Es sind Monumente, die das Bewußtsein Buddhas repräsentieren. In ihrem Inneren können Statuen, religiöse Bücher, wohlriechende Kräuter oder Reliquien aufbewahrt werden. Laut Reiseleiter Sonam enthalten sie in Bhutan aber „meistens nichts".

Solchen Stupas galt unser nächster Halt am Zusammenfluß des Bergbaches mit einem größeren Fluß. Wir sahen von oben auf drei Bauwerke, die alle in einem je eigenen Stil gehalten sind: ein Stupa ist nepalesisch; er erinnerte an eine Glocke auf einem treppenförmig ansteigenden quadratischen Sockel, komplett weiß getüncht. Daneben steht ein tibetischer Stupa mit einem kegelförmigen braunen Dachaufbau; der dritte Stupa ist bhutanisch, ein quadratischer Bau mit einem ebenfalls quadratischen Dachaufsatz, beide mit einem breiten umlaufenden roten Streifen verziert. Hinter dem schmalen Uferrand stieg der dünn bewaldete Berg steil an. Über unserer Straße befand sich ein hölzerner Torbogen mit drei jeweils kleiner werdenden schmalen Dächern. Er war auf braunrotem Grund golden, weiß und blau bemalt mit Drachen und Mustern, die niemand zu deuten wußte. Über die Ecken der Dächer blickten vergoldete Drachen, die als Wasserspeier dienten. Unter dem Torbogen stand ein Polizist, der gerade von drei Leuten eine Portion Betel kaufte.

Betel oder Doma, wie es in Bhutan heißt, zu kauen, ist nämlich nicht verboten, wenn es auch angeblich von der Obrigkeit nicht gern gesehen wird. Gehörte der Polizist nicht selbst zur Obrigkeit? Auch Sonam kaute gerne Betel, sein Mund war schon ganz rot. Diese Farbe war nie mehr zu entfernen. Aber ein Stückchen von der Arekanuß zu kauen, das in ein Blatt des Betelpfeffers gewickelt und mit Kalkpaste bestrichen wird, wirkt anregend, etwa wie das Rauchen des verbotenen Tabaks. Wir kauften am Ende der Reise auf dem Markt von Thimphu eine Arekanuß in ihrer weichen, faserigen Schale. Sie war etwa so groß wie eine Walnuß, sah aber mit ihrem faserigen Äußeren eher aus wie eine Kokosnuß und roch so intensiv, daß wir sie mehrmals in Plastikfolie einwickeln mußten, um den Inhalt unseres Koffers vor dem Geruch zu schützen.

Unser Hotel in Thimphu lag nur wenige Schritte von der zentralen Straßenkreuzung der Stadt entfernt. Dort hatte man vor einigen Jahren ein Ampelsystem installiert. Was bedeuteten die bunten Farben der Lichter? Die Ampeln waren von keinem Verkehrsteilnehmer beachtet worden. Daraufhin wurden sie wieder entfernt. Nun regelte wieder ein smarter Polizist in einem überdachten sechseckigen, in bhutanischem Stil bemalten Häuschen in der Mitte des Platzes den hier spärlichen Verkehr.

Wir spazierten noch ein wenig durch die abendliche Stadt, vorbei an einem kleinen Antiquitätengeschäft, wo wir zu unserer Freude ein paar echte alte, königliche Stiefel entdeckten. Ein paar Meter weiter passierten wir winzige Läden mit Süßigkeiten in Päckchen und Gläsern, Läden mit Taschen, Kleidung und Stoffen, bis uns eine Metzgerei besonders anlockte. Auf gemauerten und gefliesten Tresen lagen Fleischstücke und Innereien vom Rind und von Geflügel; getrocknete Fleisch- und Speckstreifen hingen unter der Decke. In einem Kasten lagen Knochen. Auf einem anderen Tresen wurden große Fische angeboten.

Wir wußten, daß Bhutaner als gute Buddhisten keine Tiere töten, deshalb schlachten und fischen sie nicht. Wir hatten aber außen am Geschäft ein Schild gesehen, auf dem stand: „local chicken", Geflügel aus der Umgebung. Unser Reiseleiter erklärte uns am nächsten Tag, daß Fleisch entweder aus Indien eingeführt oder von in Bhutan lebenden Indern geschlachtet werde. Allerdings schlachteten auch die bhutanischen Nomaden ihre Yaks, sie seien auf deren Fleisch angewiesen. Dafür würden sie allerdings in ihrem nächsten Leben selbst als Yaks wiedergeboren.

Am folgenden Tag machten wir einen Ausflug in die Umgebung Thimphus. Die Landschaft in ganz Bhutan ist eindrucksvoll. Durch dichten Wald fuhren wir bis auf 2600 Meter Höhe. An jeder Brücke, über

In Thimphu

Bächen und an kleinen Wasserfällen flatterten bunte Gebetsfahnen. Unter Felsüberhängen neben der Straße standen Hunderte nur etwa faustgroße, teils farbige Stupas, die von Reisenden hierhergestellt worden waren als Dank oder Bitte und als Entschuldigung für die Störung der Götter.

Nun ging es eineinhalb Stunden auf einem ebenen Weg zu Fuß weiter zu einem Tempelkomplex, dem Wangditse-Tempel. Er besteht aus mehreren Gebäuden. Das größte hatte unter dem Dach ein riesengroßes Loch in der dicken Wand, die heruntergefallenen Steine lagen in einem großen Haufen auf dem Boden. Hier hatte es einen Monat zuvor ein heftiges Erdbeben gegeben, eine Folge der Landmassenverschiebung des indischen Subkontinents gegen das Gebirgsmassiv des Himalaya. Ein kleines Haus neben dem Steinhaufen war offenbar bewohnt, hier standen Blumentöpfe und einige Gegenstände des täglichen Lebens. Eine alte Frau war gerade dabei, Gebetsperlen auf eine Schnur zu ziehen. Ein Steinofen wies schwarze Rauchspuren auf; solche Feuerstellen sahen wir oft, in Tempelhöfen und auf den Bergpässen. Sie sind nicht für die Zubereitung von Speisen gemacht, sondern hier werden Blätter und kleine Zweige verbrannt. Der Rauch steigt zum Himmel auf, also zu den Göttern, und soll sie gnädig stimmen.

In dem Wohnhaus lebte der Tempelwächter. Der saß im Vorraum des Tempels und achtete darauf, daß wir den heiligen Boden nicht mit Schuhen beträten und keine Fotos machten. Ein finster blickender Dämon, um dessen Haupt sich ein Kreis kleiner menschlicher Keramikschädel rankte und von dessen Schultern ein gelber und ein weißer Seidenschal hingen, unterstützte den Wächter. An der Rückwand des Tempelraumes überblickte eine überdimensional große Buddhaskulptur, in ein gelbes Tuch mit roten Streifen gehüllt, das Geschehen. Die Wände waren bunt mit Mantras bemalt, unter der Decke hingen Tücher mit Mantras,

Schriftzeichen oder Bildern, die helfen, die Gedanken zu konzentrieren. An der Fensterseite des Raumes saßen Mönche in rostroten Gewändern auf dem Boden und lasen bzw. sprachen Texte aus ihrem heiligen Buch. Ein Vorbeter hockte erhöht hinter einem Tisch.

Sonam hatte sich beim Betreten des Tempels auf die Knie niedergelassen. Er erklärte uns später die Rituale des Betens. Zuerst erhebt der gläubige Buddhist die Hände über den Kopf, damit leistet er Abbitte für böse Gedanken. Mit vor den Mund gelegten Händen bittet er sodann um Vergebung für böse Worte; danach werden die Hände zum Herzen geführt als Abbitte für böse Gefühle. Mit den Knien und der Stirn auf der Erde betet er um Sündenerlass für alle Menschen der Erde.

Anschließend ließ sich Sonam in Sitzhaltung mit uns im Tempel auf dem Boden nieder. Und da saßen wir fast eine Stunde, fasziniert von dem monotonen Gesang der Mönche. Es war ein Sprechgesang, von dem wir natürlich kein Wort verstanden, aber der Rhythmus, das Auf- und Abschwellen der Lautstärke, das Vorauseilen der sich über die Gleichmäßigkeit der allgemeinen Melodie erhebenden Stimme des Vorbeters, die sich anscheinend wiederholenden Wörter mit unterschiedlichen Endsilben – wir hätten uns davon einschläfern oder in Trance fallenlassen können, wir hörten aber zu unserem eigenen Erstaunen konzentriert und gebannt zu. Jeder bedauerte es, als Sonam zum Aufbruch mahnte. Wir hätten stundenlang weiter dort sitzen und zuhören können.

Auf dem Bergrücken stand vor dem Tempel inmitten vieler Gebetsfahnen, die auch diesen Platz zu einem erhabenen, ehrwürdigen Ort machten, ein kleiner Holzbau, ein Dach auf vier Säulen mit halbhohen Gitterwänden. Darin befand sich eine etwa zwei Meter hohe hölzerne, zylinderförmige Gebetsmühle. Ein alter Mann in dicker Jacke und Wollmütze hockte daneben und drehte die Mühle, die bei jeder Drehung mit einem hervorstehenden Stab an eine Glocke schlug. Von hier aus hatten wir die schönste Aussicht über das Tal von Thimphu. Die Häuser zogen sich in harmonischer Anordnung auch in die Seitentäler hinein und an den Hängen hinauf, kein Hochhaus störte. Nur eine alle anderen Gebäude überragende blaue, rechteckige Wand fiel ins Auge. Sie befand sich auf dem Sportplatz und bildete das Gerüst für riesige Thangkas, religiöse Rollbilder als Meditationshilfe. Sie waren bei der kürzlich gerade gefeierten Hochzeit des jungen Königs entrollt und für jeden sichtbar hier aufgehängt worden. Dann, genau gegenüber, fiel unser Blick auf das Gebiet des Thimphu-Dzong, eines Komplexes mit Verwaltungs- und Regierungsgebäuden sowie dem bescheidenen Königspalast, der eigentlich nur eine Villa ist.

Die Häuser, ob Villa, Mietwohnblock oder Bauernhaus, sind liebevoll und in ganz besonderem Stil gebaut. Über den zwei bis fünf Stockwerken erheben

Beim Wangditse-Tempel

sich ein oder zwei Dächer, das obere auf Pfosten etwas kleiner als das untere und über dem Haus freischwebend. Das Holzständerwerk ist schön geschnitzt und bemalt, genauso wie die Wände, die bei alten Bauernhäusern aus geflochtenen Zweigen oder geflochtenem Bambus und luftgetrocknetem, weiß getünchtem Lehm bestehen. Jedes Bild hat eine mythische Bedeutung, ob es einen weißen Tiger, einen Drachen, einen Phallus, Buddha oder das buddhistische Lebensrad darstellt. Auch Schlangen, Blumen und Früchte sahen wir oft als Verzierungen. Die neuen Wohnhäuser in der Stadt bestanden natürlich nicht aus Lehm, sondern aus Beton mit Eisenbewehrung, aber sie sind dem traditionellen Stil angepaßt. Auch die modernen Fensterrahmen sind geschnitzt und bemalt und werden meist noch während des Baus der Hausmauer aufgestellt. Dann wird die Wand um das Fenster herum weitergebaut. Selten haben wir eine Stadt gesehen, in der soviel gebaut wurde wie in Thimphu. Das Material für den Bau der oberen Geschosse wurde auf Rampen aus Bambusholz hinaufgeschleppt, oft von indischen Bauarbeitern. Die Dächer sind nur ganz sanft geneigt und deshalb bestens geeignet, um darauf die beliebten, scharfen roten Chilischoten zu trocknen.

Bevor wir zum Mittagessen nach Thimphu zurückkehrten, machten wir eine Pause in dem am Wege liegenden Zoo. Er ist waldig und hügelig und praktisch nur von einer einzigen Tierart bewohnt, dem Takin, einem merkwürdigen Tier, das wir alle vorher noch nie gesehen hatten. Es ist – neben dem Drachen – das Symboltier Bhutans. Es ist eine sehr seltene, nur hoch in den Himalayabergen lebende „Rindergemse". Sie gehört zu den „Ziegenartigen", ist groß wie ein Rind, hat einen plumpen, gehörnten Kopf und ein zotteliges braunes Fell. Der Takin ist recht kurzbeinig. Er wird im Himalaya manchmal von Tierfilmern aufgespürt, wenn sie eigentlich auf der Suche nach den äußerst seltenen und bedrohten weißen Tigern sind. Die fünf

Takins im Tiergehege nahmen nicht weiter Notiz von uns.

Takin

Bald strebten wir hungrig dem Mittagessen in Thimphu zu in einem Lokal, in das wir ohne Empfehlung sicher nicht gegangen wären. Das Treppenhaus wirkte finster und wenig einladend. Umso erfreuter waren wir über das großzügige und helle Restaurant, in dem wir auf tiefen Polstersesseln an niedrigen Tischen saßen, nachdem wir am Buffet vorbeidefiliert waren und uns versorgt hatten mit typisch bhutanischem scharfen Essen. Die roten Chilischoten, die auf den

Hausdächern in großen Mengen getrocknet werden, finden in jedes Essen ihren Weg. Außerdem steht immer auch ein Schälchen mit körniger Chilipaste auf dem Tisch, sodaß, wer will, sein Essen richtig bhutanisch scharf würzen kann. Bei jedem Buffet, das es auf der Reise gab, wurde „normaler", also der allen bekannte weiße Reis angeboten, außerdem standen zur Wahl roter Reis, Kartoffeln und feine, dünne Nudeln als Grundnahrungsmittel, dazu zwei oder sogar drei Sorten Fleisch, meist Rind- oder Hühnerfleisch, oft gewürfelt in einer pikanten bis scharfen Soße, manchmal mit Gemüse vermischt, außerdem Fisch und vielerlei zusätzliches Gemüse, etwa Möhren, Endivien, Pilze, Bohnen und Flußtang. Zum Andicken der Soßen wird ein kleiner runder Weichkäse verwendet. Separat gegessen wird Käse kaum, außer den knochenharten Käsewürfeln aus Yakmilch. Die fanden wir auf den Märkten auf Schnüre gezogen, und manchmal sahen wir Einheimische daran herumknabbern. Seit etlichen

Jahren lebt in Bhutan ein Mann aus der Schweiz, der Schweizer Käse herstellt und verkauft, sogar das Königshaus gehört zu seinen Kunden. Wir aßen einmal im Lokal des Schweizers; da gab es Spaghetti, was natürlich für uns eine Enttäuschung war. Manchmal habe ich statt schwarzen Hochgebirgstee Yakbuttertee bestellt. In der Heimat der Yaks muß man den doch probieren! Er war leicht gesalzen und erinnerte deshalb eher an eine zarte Brühe als an Tee, ein äußerst wohlschmeckendes Getränk.

Am Nachmittag war ein Besuch des Changangkha Lhakang, des sog. Babytempels angesagt. Hierher pilgern Eltern mit ihren Kindern, hier werden die kleinen Kinder gesegnet, hier bekommen sie ihre Namen. Nicht die Eltern wählen die Namen für ihre Kinder aus, sondern Mönche. Häufig sind Jungen- und Mädchennamen gleich. Sonam, der Name unseres Reiseleiters, ist auch ein Mädchenname.

Im Hof des Changangkha Lhakang

Eltern und weitere Angehörige legten Geld auf den Tisch der Mönche und brachten Speisen in eine Nische mit einer großen Buddhastatue. Der Abt zählte von Zeit zu Zeit ungeniert das Geld, ordnete es und gab es einem der Mönche mit dem Auftrag, es in einen Nebenraum zu bringen. Er zog auch einmal ein Handy aus seinem Gewand und telefonierte leise. Trotz der Statuen, Bilder und Räucherstäbchen war die Stimmung hier nicht etwa feierlich, sondern irgendwie alltäglich, obwohl sich alle Anwesenden für den Tempelbesuch feingemacht hatten. Zwei kleine Jungen, einer in einem senkrecht gestreiften, der andere in einem karierten Gho, sowie ihre Mutter in ihrem quergestreiften, „Kira" genannten Gewand mit seidener Jacke darüber ließen sich gern von uns fotografieren.

Leider war die Kunstschule Thimphus, die wir gerne besucht hätten, geschlossen. Wir konnten nur das Tor mit seinen schönen Schnitzereien und Bemalungen sowie die großen Statuen der „Bhutanischen Stadtmusikanten" unter einem künstlichen Baum im Hof der Schule bewundern. Ein Geschäft auf der gegenüberliegenden Straßenseite mit Antiquitäten und Erzeugnissen der Malabteilung der Kunstschule hatte aber geöffnet, dort stöberten wir alle ein wenig herum. Hier fand man besonders schön und aufwendig gearbeitete Thangkas. Je nach Größe und Feinheit der Bemalung mußte man hohe Preise für diese Kunstwerke bezahlen. Auch handgewebte Seidenstoffe, die wie die royalen Stiefel von geschickten bhutanischen Handwerkern hergestellt worden waren, lagen in der Auslage.

Den Rest des freien Nachmittags nutzten Hans und ich wieder für einen kurzen Spaziergang durch Thimphu. Wir hielten uns auf dem großen Platz auf, der am tiefsten Punkt des Tals liegt, einem rechteckigen Areal nur für Fußgänger, harmonisch umrahmt von einigen Geschäften wie einer Buchhandlung und einem Antiquitätenladen, einem Textilgeschäft und einigen kleinen Restaurants. In seiner Mitte steht ein Uhrturm, der genauso gebaut ist wie die Häuser, mit schön bemaltem Holz und einem leicht geneigten Dach. An diesem Samstagnachmittag hielten sich hier außer uns nur ein paar Jugendliche auf.

Thimphu hat keine besonderen Höhepunkte zu bieten. Hier trifft das zu, was Goethe einmal so ausdrücken sollte: „Das ist das Angenehme auf Reisen, daß auch das Gewöhnliche durch Neuheit und Überraschung das Ansehen eines Abenteuers gewinnt." Ich würde es allerdings nicht „angenehm" nennen, sondern eher „interessant"; interessant im eigentlichen Wortsinn von inter-esse, dazwischen sein, dabeisein; ein Land zu erleben, in dem die Menschen ganz anders leben als wir, wo sie z.T. ganz andere Werte haben als wir, andere Ziele und Probleme, das ist einfach interessant. Ein Land, das durchzogen ist von Millionen von Gebetsfahnen, Hunderttausenden Stupas, Tausenden Gebetsmühlen, sicherlich Hunderten von Tempeln und Tempelchen, geformt von zig Bergen über fünftausend Meter Höhe, zu achtzig Prozent bewaldet und nur auf einer einzigen Straße zu durchqueren, ein solches Land prägt nicht nur seine Bewohner, es drang auch tief in unser Gefühl und Bewußtsein ein, da wir uns gerne auf die meditative Kultur Bhutans einließen. Es ist eben ein Unterschied, ob ich den St. Gotthard-Paß überquere oder den Dochu La, vor einem Rind oder einem Yak stehe, vor einem Schwarzwaldhaus oder einem bhutanischen Bauernhaus. Es ist ein Unterschied, ob ich einer christlichen Liturgie zuhöre oder dem Singsang buddhistischer Mönche lausche.

Noch war unser Programm für diesen Tag nicht beendet. Wir fuhren etwa fünfzig Kilometer nach Norden, auf einer Straße, die zehn Kilometer weiter im Nichts endet. Das abendliche Ziel war der eigentliche Anlaß und Anstoß für unsere gesamte Reise gewesen, nämlich die Klosterschule, deren Bau bzw. Ausbau ein Kiwanier aus Österreich initiiert hatte, zusammen mit anderen Sponsoren und der Hilfe weiterer Clubs. An diesem Abend sollte sie dem Ehrengast, Sepp, und seinen Mitreisenden gezeigt werden. Er wurde dafür mit dem weißen Schal des besonderen Gastes geschmückt, eine Ehre, die uns anderen nur deshalb nicht auch zuteil wurde, weil einfach nicht genügend weiße Schals vorhanden waren.

Bei unserer Ankunft an der Schule war es bereits dunkel. Als wir das Tor durchschritten hatten, erwarteten uns junge Mönche und einige Musiker auf einem Platz, auf dem neben mehreren offenen Zelten ein Feuer loderte. Unseren mühsam gelernten Wortschatz von zwei Ausdrücken in Dzongkha, der offiziellen Sprache Bhutans – „Kusu Sanbo La", Guten Tag, und „Kadinsche La", vielen Dank; mehr wurde es leider auch im Laufe der Reise nicht –-, konnten wir hier häufig üben, als uns Mönche zu unseren Plätzen an den Innenwänden des größten Zeltes geleiteten und der Lama sowie der Kulturminister jeden Einzelnen per Handschlag begrüßten.

Zunächst wurden wir mit reichlich Bier, Säften und Schnaps versorgt, danach gab es ein reichhaltiges Buffet, ähnlich wie mittags im Restaurant, aber von noch größerer Vielfalt. Der Kulturminister in seinem karierten Gho, aber nicht in „royalen" Stiefeln – so offiziell war die Veranstaltung nun auch wieder nicht – bedankte sich in fließendem Englisch für die großartige Unterstützung beim Ausbau der ursprünglich kleinen, windschiefen und selbst für bescheidene bhutanische Schüler unzumutbaren Baracke, die bis jetzt als Schule gedient hatte, ohne Wasser, mit unzureichendem Schutz vor Wind und Wetter, von weiterer Schulausstattung ganz zu schweigen.

Wir wurden erfreut und unterhalten mit vielerlei Tänzen, auch von einigen jungen Mädchen, und schließlich wurden wir durch einen Teil der Schule geführt unter allerlei Erklärungen. Diese Schule ist eine Internatsschule, denn viele Schüler kommen von weit her, aus abgelegenen Dörfern; zu Fuß wären es Tagesreisen gewesen. Die Schule bietet ihnen einerseits ganz normalen Unterricht, z. B. in Mathematik, Englisch und Informatik – diese Fächer als Hauptfächer zu unterrichten war Auflage der Sponsoren gewesen –, andererseits werden die einhundertvierzig sechs- bis achtzehnjährigen Jungen zu Mönchen und Astrologen ausgebildet. Das klingt nach einer sehr merkwürdigen Kombination. Moderne Sachfächer und Geistlich-

Spirituelles stoßen hier in einer Art und Weise aufeinander, die nicht zusammenzupassen scheinen.

Die Sponsoren haben etwa zwanzig Computerarbeitsplätze installiert. Der Umgang mit Computern und Handys hatte durchaus bereits Eingang ins Land gefunden. Mönche als bestausgebildete Bhutaner konnten und sollten damit umgehen können. Dabei hatte sich Bhutan damals mit der Zulassung des Fernsehens, einer der ersten modernen westlichen Errungenschaften im Land, äußerst schwergetan. Erst seit 1999 gibt es dort ein Fernsehnetz. Allerdings sind abseits gelegene Dörfer noch längst nicht angeschlossen. Viele Menschen waren zur Hochzeit des jungen Königs, die kurz vor unserem Besuch stattgefunden hatte, stundenlang zu Fuß gegangen, nicht um bei der Hochzeit unmittelbar dabeisein zu können, sondern um sie wenigstens im nächstgelegenen größeren Dorf im Fernsehen anzuschauen.

Der Unterricht der Jungen in Astrologie kam uns eher unnütz vor. Damit werten wir nach unseren westlichen Maßstäben. Für Bhutaner spielt die Astrologie eine ganz wichtige Rolle. Die Astrologen bestimmen – fast – alles, die großen ebenso wie die täglichen Entscheidungen. Sonam charakterisierte sie so: „In ihren Dörfern sind sie Kardinal und Kanzler in einer Person." Damit kennzeichnete er einerseits knapp und zutreffend die Macht der Astrologen-Mönche in geistlichen und politischen Entscheidungen, andererseits zeigte er uns damit auch, wie gut er selbst sich in unseren europäischen Systemen auskennt. Astrologen, so erzählte er weiter, gäben jeden Morgen im Rundfunk die Vorhersage für den Tag bekannt, wofür dieser Tag gut geeignet sei, was man an diesem Tag tun und was unbedingt unterlassen oder meiden sollte. Wir fragten ihn, ob die Menschen sich danach richteten. Er meinte: „Ungefähr die Hälfte der Leute richtet sich danach.

Die Menschen auf dem Land natürlich mehr als die Städter."

Wir bohrten weiter. Richtete er selbst sich nach diesen Vorhersagen?

Er könne das garnicht, antwortete er etwas ausweichend. Wenn es morgen heiße, man solle keine Reisen unternehmen, dann könne er uns nicht alleinlassen. Das verlange sein Beruf. Und damit ernähre er seine Familie. Er müsse mit uns fahren. Das tat er denn auch am nächsten Tag wieder, und auch unsere Fahrer waren pünktlich zur Stelle.

Die vier Tiere der Harmonie

Junge Mönche in der Astrologenschule

Uns erwartete nun eine Fahrt von mehreren Tagen über eine Straße, die man nur als Fatalist aushält. Der National Highway war streckenweise auf einer Seite in fast senkrechte Felswände gemeißelt worden, auf der anderen Seite führte er völlig ungeschützt an steilen, einige hundert Meter tiefen Abgründen entlang. Es ging durch eine tief beeindruckende Landschaft, zu weiteren wundervollen Tempeln, großartigen Ausblikken, mit dem Erleben fremdartiger Tänze, lustiger Abende und tiefsinniger Gespräche; Begegnungen mit einer Kultur und Lebensweise, die in vollkommenem Gegensatz stehen zu Hektik, Gier, Überfluß und Wachstumswahn unserer Herkunftsländer.

Die Straße führte uns zunächst durch ein Flußtal nach Süden, bevor sie unterhalb eines der ältesten Dzongs aus dem Jahr 1629, dem Simthaka-Dzong, strategisch günstig auf einem Bergrücken gelegen, nach Osten abbog. Von hier aus wand sie sich in dichtem Nadelwald stets aufwärts bis zum Dochu La-Paß auf dreitausendfünfzig Meter Höhe. Überall dort, wo sie einen Bergbach querte, sorgten wieder ein kleiner Stupa oder einige Gebetsfahnen für unsere (spirituelle) Sicherheit. Auf einigen Abschnitten entfalteten Laubbäume und Büsche bereits herbstliche Pracht. Im Bergdorf Hontso waren Häuser von orangefarben leuchtenden Tagetesblüten umgeben oder von kunstvoll terrassenförmig angelegten Getreidefeldern.

Auf der Paßhöhe stiegen wir aus. Eine Fläche mit einhundertacht Stupas erstreckt sich über den Paß. Sie waren im Jahr 2004 von einer bhutanischen Königin erbaut worden in Erinnerung an Soldaten, die 2003 im Kampf gegen Separatisten aus dem indischen Bundesstaat Assam gefallen waren. Diese hatten in Bhutan Lager errichtet, um von hier aus gegen Indien zu kämpfen. Da Bhutan und Indien befreundete Staaten sind, griff die bhutanische Armee ein und vertrieb die Separatisten.

Die vielen Stupas auf dem Dochu La erzeugen eine besondere, meditative Atmosphäre. Wir setzten uns zwischen sie und genossen den großartigen Blick auf einige der höchsten Berge Bhutans. Der Schnee der Siebentausender vermischte sich mit weißen Wolkengebilden über den dunkelgrünen Wäldern.

Dann gingen und kletterten wir auf den stufenförmig angelegten steinernen Plattformen herum, bevor wir den Berghang noch weiter hochstiegen zwischen unzähligen farbenfrohen Gebetsfahnen. Erstaunlicherweise hatte niemand Atemprobleme. Wir führten das auf die dichte Bewaldung zurück, die, anders als in den Alpen, in Bhutan auch in dieser Höhe noch zu finden ist. Außer uns gab es hier nur wenige Reisende. Nur zwei ganz junge Mönche mit Taschen auf dem Rücken stiegen den Hang hinauf, eine Gruppe von drei oder vier jungen Leuten befestigte neue Gebetsfahnen und schien eine kleine Andacht zu halten.

Die Abfahrt ins Tal auf der Ostseite des Passes führte uns in scharfen Kurven über eintausendsiebenhundert Höhenmeter hinunter durch eine vollkommen veränderte Landschaft, vorbei an Laubbäumen und Bambus, Farnen und Moosen, Bananenstauden und Reisfeldern bis in das breite Tal des sanft

Auf dem Dochu La-Paß

dahinfließenden Punakhaflusses mit breiten Sandbänken.

Männer beim Bogenschießen

Unterwegs trafen wir eine Gruppe von Männern, die den Nationalsport der Bhutaner betrieben, das Bogenschießen. Was für mächtige Hightech-Geräte waren diese Bögen! Die Bogenschützen in ihren Ghos beherrschten ihre gefährlichen Sportgeräte offenbar so gut, dass die anderen Männer sich nicht scheuten, sich unmittelbar neben der Zielscheibe aufzustellen. Wenn ein Pfeil nur wenig danebengeraten wäre, hätte er einen Mann treffen und schwer verletzen können.

Unser nächstes Ziel war wieder ein Dzong, der Punakha-Dzong, einer der wichtigsten des Landes, denn hier wurde die heiligste Reliquie, eine kleine, auf wunderbare Weise entstandene Statue, aufbewahrt. Einst hatten die Bhutaner sie aus Tibet entführt. Natürlich hatten die Tibeter versucht, sie zurückzuerobern, aber vergeblich.

Der Punakha-Dzong geht auf den Gründer Bhutans zurück, auf den Shabdrung Ngawang Namgyal. Das Wort Shabdrung ist der bhutanische Ehrentitel eines Mannes, der im 17. Jahrhundert aus Tibet hatte fliehen müssen. In Bhutan hatte er erfolgreich gegen die Tibeter als Feinde von außen gekämpft sowie gegen fünf alteingesessene religiöse Schulen, die seine Feinde von innen waren. Er konnte Bhutan einigen und baute ein funktionierendes Verwaltungssystem und eine wirksame Rechtsprechung auf. Von da an wurde er als Shabdrung verehrt, als „Derjenige, dem man sich zu Füßen wirft".

Der Punakha-Dzong

Der Punakha-Dzong liegt am Zusammenlauf zweier Flüsse, Pho und Mo, auf einer Halbinsel. Wir betraten den ersten Hof der großen Anlage über eine geschnitzte Holzbrücke. Sie war in einem sehr guten Zustand, denn erst wenige Tage zuvor war hier der erste Teil der königlichen Hochzeit gefeiert worden. Die Wände des Dzong waren schneeweiß gekalkt, die feinen Schnitzereien der Erker, der Türen und Torbogen in warmen Farben bemalt mit Tieren, Drachen und anderen Fabelwesen, mit Blumen und geometrischen Figuren. Unter der Decke der Gebäude spannten sich Seidentücher in leuchtenden Farben. Bei der Hochzeit genau wie einmal in jedem Jahr anläßlich eines Festes zu Ehren legendärer bhutanischer Persönlichkeiten war ein riesiger Thangka entrollt worden, mit 25 mal 28 Metern der größte, der je angefertigt worden war. Für seine Bildapplikationen waren über 6000 Meter Seidenbrokat verarbeitet worden.

Den zweiten Hof umgaben Tempelgebäude mit einer großen Säulenhalle, die Säulen aus Holz, verkleidet mit getriebenem Goldblech mit Darstellungen von Pflanzen, Tieren und vielfältigen Mustern. In der großen Halle standen noch die zwei Throne des Königspaares und einige kleinere Throne für die Würdenträger, außerdem einfache Kisten, die mit rotgoldenen Teppichen belegt waren und als Sitze für die Mönche dienten. Hätten wir alle Bilder an den Wänden nur richtig „lesen" können, das Schicksalsrad des Lebens, die vielen Szenen aus Buddhas Leben von seiner Geburt bis zu seiner Erleuchtung, hätten wir die Skulpturen von Buddhas Freunden und Begleitern besser gekannt und in ihren historischen Zusammenhang stellen können, den Sonam uns zu erklären versuchte! Wir hätten für die vielen feinen Darstellungen Stunden, ja Tage in diesen großartigen Tempelgebäuden verbringen müssen, um alle Einzelheiten zu betrachten.

Doch bald ging die Fahrt weiter zu einem kleinen Dorf namens Chime mit einer besonderen Attraktion, einem Sexladen! Die Männer der Reisegruppe wirkten ganz aufgescheucht, als sie hiervon hörten. Schon unterwegs hatten wir mit Staunen auf einigen Hauswänden große Phallusbilder gesehen, geschmückt mit Schleifen, tropfend vor Saft. Was bedeuteten sie? Sonam erklärte sie einfach zur Dekoration; aber hier gab es sogar ein Sexgeschäft! Es zeigte sich jedoch schnell, daß wir wohl eine falsche Vorstellung hiervon gehabt hatten, eine Vorstellung nach Beate Uhse, eine Vorstellung von Lederkleidung, Reizwäsche und Ähnlichem. In Bhutan aber ging es nicht um Orgien, sondern um Fruchtbarkeit. Dazu paßte es, daß nicht weit von diesem Geschäft ein kleiner Tempel steht, den vorwiegend Paare mit Kinderwunsch aufsuchen. Dort beten sie um Kinder, dort legen sie Früchte und andere Gaben auf dem Altar nieder, um die Götter freundlich zu stimmen und sie mit Kindern zu segnen. Sonam erzählte den Fremden dazu folgende Geschichten:

Viele Paare heiraten nicht, sondern ziehen einfach zusammen und lassen sich von einem Lama im Tempel segnen und – in neuerer Zeit – auch registrieren. Manche Paare heiraten erst, wenn sie merken, daß sie sich nicht mehr verstehen und sich trennen wollen. Den Sinn hiervon verstanden wir nicht so ganz. Sonam erklärte, dann diene die Heirat dazu, mit Hilfe von Anwälten das gemeinsame Hab und Gut gerecht aufteilen zu lassen. Aha.

Ein Mann kann mehrere Frauen haben. Die Mehrheit der Frauen ist berufstätig; die Kinder werden von den Großeltern oder Kindermädchen großgezogen. Die meisten Paare haben drei Kinder. Es war interessant zu hören, wie sich Paare in Bhutan kennenlernen:

Alle Kinder gehen zusammen in die Schule, ob Jungen oder Mädchen, ob reich oder arm. So können sich viele Paare bereits früh kennenlernen.

Viele lernen sich über das Internet kennen, so wie in anderen Ländern heutzutage auch.

Viele lernen sich mit Hilfe des Handys kennen.

Manche mutigen jungen Männer lernen ihre Mädchen über das „night hunting" kennen. Da die Fenster der Häuser nicht verschlossen sind, kann man leicht in die Häuser einsteigen. Wenn das Mädchen einverstanden ist, sind alle glücklich. Ist es aber nicht einverstanden, beginnt es laut zu schreien. Dann muß der Mann schnellstens fliehen, und da kann es leicht sein, daß „er sich auf der Flucht ein Bein bricht." So erzählte es Sonam. Hatte er selbst eine solche Erfahrung gemacht?

Am nächsten Tag reisten wir weiter nach Osten, von Wangdue über den Pele La-Paß nach Trongsa. Die Reise dauerte den ganzen Tag, obwohl die Orte nicht weiter als hundertdreißig Kilometer voneinander entfernt liegen. Es war eine wunderbare, aber zum Teil auch gefährliche Tour. Sie führte uns zunächst durch Rhododendron- und Magnolienwälder, vorbei an Riesenfarnen und uns unbekannten blühenden Büschen und auf der anderen Seite der Paßhöhe zwischen Weiden und grasenden Yaks hindurch. Um an den Zwergbambus, das wichtigste Futter, zu gelangen, kamen

Ein Yak   *Der Fruchtbarkeitsladen*   *Ministupas unter Felsen*

diese Tiere bis an die Straße heran. Manche Bäume waren zwar kahl, aber von roten Flechten überwuchert. Es war kalt hier oben; einige Schneeflocken setzten sich im langen, zotteligen Fell der Yaks fest. Obwohl es auch Kartoffel- und Getreidefelder gibt, sind die hier lebenden Menschen Nomaden, fünf Prozent der bhutanischen Bevölkerung. Ihre Frauen heiraten laut Sonam oft zwei Männer, nämlich zwei Brüder. Der eine zieht dann mit den Yaks in der Umgebung umher, macht aus ihrer Milch Butter, z.B. für den Yakbuttertee, schlachtet die Tiere und stellt fertige Waren aus ihnen her wie Fleisch und Felle. Der andere zieht mit den Waren in die Hauptstadt Thimphu, um dort alles auf dem Markt zu verkaufen. Er ist oft wochen- oder monatelang unterwegs. Da sein Bruder zu Hause bleibt, weiß er die gemeinsame Ehefrau gut versorgt und beschützt.

Ja, wunderbar war die Fahrt, aber auch, wie schon erwähnt, gefährlich. Denn sie führte oft an steilen Hängen entlang. Schon in Wangdue sahen wir entlang der Straße absturzgefährdete und sogar bereits abgestürzte Häuser. Die Straße, die einzige Hauptstraße quer durch das Land von West nach Ost, ist an vielen Stellen sehr schmal, voller Schlaglöcher oder noch garnicht ausgebaut, nur eine rutschige, schlammige Trasse. Manchmal ging es einspurig unter überhängenden Felsen hindurch, manchmal dicht an fast senkrecht abfallenden Steilhängen entlang. Aber es gab keine andere Möglichkeit zu reisen. Der Staat hat nur einen einzigen Flughafen; ein zweiter war erst im Bau. Sonam erzählte von seinem jungen König. daß dieser fast jeden Monat seine Untertanen im ganzen Land besuche und dazu auf dieser Straße fahre. Der Wagen des Königs war an seiner Nummer BHT zu erkennen. Ihm machen natürlich alle anderen Fahrzeuge sofort Platz, ebenso wie den Wagen von Regierungsangehörigen mit dem Kennzeichen BG für „Bhutan Government", und so können diese schneller als alle anderen Reisenden unterwegs sein, anstatt mit durchschnittlich dreißig oder vierzig vielleicht mit fünfzig oder sechzig Kilometern pro Stunde. Es hatte schon seinen Sinn, daß auf jeder Paßhöhe die Öfen zum Verbrennen von Blättern und kleinen Zweigen stehen, um die Götter gnädig zu stimmen. Die jedesmal vorgetragene Bitte um eine gute Weiterfahrt ist selbst für den König bei diesen Straßenverhältnissen mehr als berechtigt. Dennoch hielten wir ihn für mutig, daß er diese Fahrt so häufig unternimmt.

Wie gut, daß er noch seinen Vater zu Rate ziehen kann! Dieser ehemalige (vierte) König seit Beginn des bhutanischen Königtums im Jahr 1907 war offenbar ein kluger Mann. Er hatte seinem Sohn nicht dieselben Schwierigkeiten zumuten wollen, die er selbst hatte erleben müssen. Denn als sein Vater, also der Großvater des derzeitigen Königs, gestorben war und er ihm auf den Thron hatte folgen müssen, war er erst 17 Jahre alt gewesen. Alle Probleme des Landes hatte er ohne vertrauenswürdigen Rat und Beistand alleine lösen müssen. Seine späteren vier Frauen hätten ihm wohl auch nicht viel helfen können. So entschied er sich, zur

Hundertjahrfeier des bhutanischen Königtums den Thron rechtzeitig seinem Sohn zu überlassen. Die Astrologen jedoch entschieden anders. Sie waren nicht gegen die Thronübergabe, aber 2007 war nach ihren Berechnungen kein günstiges Jahr, weder für die Hundertjahrfeier noch für die Thronübergabe. So wurde beides um ein Jahr verschoben. Was machte das schon? Die Gnade der Götter war wichtiger als die richtige Jahreszahl. Die Astrologen, die hohen Lamas des Landes, mußten es wissen: Sie hatten drei Jahre, drei Monate, drei Wochen und drei Tage meditiert, bevor sie hochrangige Lamas hatten werden können; einer von ihnen hatte sogar denselben Rang wie der König selbst und trug wie dieser die gelbe Schärpe.

Der lange Reisetag wurde unterbrochen beim Besuch eines mächtigen Chorten, dem größten, den wir sahen. Darin sollte wirklich „nichts" sein? Vielleicht. Dennoch hatte er eine starke Wirkung, denn er besaß vier Augenpaare, die in die vier Himmelsrichtungen blickten, durchdringend, fixierend, eindringlich. Wir konnten uns gut vorstellen, daß dieses im 18. Jahrhundert erbaute Heiligtum mit seinem Blick Dämonen aus dem Tal und dem nahen Dorf „festnageln" konnte und den tiefgläubigen Menschen vor ihnen Ruhe gab.

An diesem Abend fühlten wir uns in unserem Hotel besonders herzlich willkommen geheißen, denn wir wurden anscheinend von einigen Damen und Herren in Festkleidung unter dem Tor schon erwartetet. Aber nein, dieses Spalier galt nicht uns, sondern einem Minister, der mit sechs Begleitern hier sein Mahl einnehmen und übernachten wollte. Er grüßte uns sehr freundlich, als er kurz nach uns ankam. Immer waren die Menschen freundlich, ob es Bauern waren oder Mönche, alte Menschen, Kinder oder Minister.

Der Chendebji-Chorten   *Die Nationalstraße*

Dichte weiße Nebelwolken hingen in den Bäumen, eine kleine Gruppe von Affen hockte frierend am Berghang, Schneereste lagen in den Felslöchern. Schon von weitem war der riesige Dzong von Trongsa mit mehreren Stockwerken und einem noch darüber hinausragenden Turm zu sehen. Der erste Tempel an dieser Stelle auf 2200 Metern Höhe war von dem Urgroßvater des Shabdrung Ngawang Namgyal im 16. Jahrhundert angelegt worden. 1907 wurde der erste bhutanische König im Trongsa-Dzong gekrönt. In der Region Bumthang, in dessen Zentrum der Dzong stand und in dessen Schutz sich Menschen ansiedelten (Trongsa heißt Neustadt), wurden alle Könige und hohen Geistlichen eingeäschert und begraben.

Wir streiften durch einen Teil der insgesamt fünfundzwanzig Tempel des Trongsa-Dzong, durch das Labyrinth von Toren, Durchgängen, Innenhöfen und kleinen wie großen Gebäuden. Wir bewunderten wieder die feinen Schnitzarbeiten, die perfekt aus losen

Steinen angelegten weiß und rot gestrichenen Mauern, die aus Bambus geflochtenen Wände, die scheinbar schwebenden Dächer, die verschachtelt ineinander gebauten Stockwerke. In einem der großen Tempel stießen wir unvermittelt auf eine religiöse Zeremonie: zwischen Säulen, die mit rot und golden bestickten Tangkas verkleidet waren, unter von der Decke hängenden Seidenschirmen, im Duft von Räucherstäbchen, hockten etwa zwanzig bis fünfundzwanzig Mönche in ihren rostroten Kutten. Sie rezitierten fromme Texte, sehr schnell, sehr eintönig, dann allmählich langsamer und lauter, darauf mit gesenkter Stimme, über die sich wieder die Stimme des Vorbeters erhob. Ngas, doppelseitige Trommeln, die die Mönche auf Stäben vor sich hochhielten, wurden mit dünnen, sichelförmigen Hölzern geschlagen. Plötzlich Abbruch der Rezitation und der Trommeln, - zwei trompetenartige Instrumente wurden gespielt, dann mehrere Dungchen, eine Art Alphörner, und wieder Rezitation, einförmig, eindringlich, eindrucksvoll. Ein Zeremonienmeister ging von Mönch zu Mönch und korrigierte die Haltung der Ngas. Wieder, wie beim ersten Mal, konnten wir uns nach über einer Stunde des Zuhörens nur schwer losreißen.

Von unserer Herberge in Jakar aus machten wir Ausflüge zu vier weiteren Tempeln, teils zu Fuß, durch wunderschöne, abwechslungsreiche Landschaften, durch steinige Bachbetten, über schwankende, mit Gebetsfahnen behängte Brücken, vorbei an Baumriesen, die im Würgegriff von Flechten abgestorben waren, unter überhängenden Felsen hindurch, unter denen fromme Bhutaner viele kleine Stupas abgelegt hatten. In einem Nebenraum eines Tempels konnten wir zusehen, wie diese Ministupas und weitere Dekorationsteile von Mönchen aus gewärmter und dadurch flüssi-

Stupaherstellung *Tempel und Stupas* *Tempeleingang*

ger Yakbutter und feinem Sand hergestellt wurden.

Zwei der Tempel waren deshalb besonders attraktiv, weil dort für einen persönlichen Einsatz Erlaß oder zumindest Reduzierung von Sünden versprochen wurde. Ob das auch für Fremde galt? Hans trug im Tamshing Lhakhang ein 35 kg schweres Kettenhemd dreimal auf seinen Schultern um das Heiligtum, ich kroch freiwillig in ein Felsloch, schlängelte mich am Boden entlang durch einen Gang, um am anderen Ende daraus wieder hervorzukriechen. Es war ein Wagnis, denn hätte ich zuviele Sünden begangen gehabt, wäre ich in dem Felsengang steckengeblieben, so die Warnung. Nur das Aufsagen von Gebeten hätte mich daraus wieder befreien können. Aber hätten auch christliche Gebete, die einzigen, die ich kenne, geholfen? Vielleicht waren wir beiden Sünder schon durch den Anblick von tausend kleinen Statuen entlang der inneren Tempelwand von Guru Rinpoche gereinigt worden, denn Hans hatte es geschafft, das schwere Kettenhemd zu schleppen, und ich hatte mich staubig, aber erleichtert aus dem engen Tunnel winden können. Guru Rinpoche, der „kostbare Meister", im 8. Jahrhundert aus dem heutigen Pakistan nach Bhutan gekommen, hat im Land den Buddhismus eingeführt. Danach lebte er in der Vorstellung der Bhutaner in acht Reinkarnationen. Alle Orte, an denen er sich aufgehalten oder meditiert hatte, waren im Laufe der Jahrhunderte zu bevorzugten Pilgerzielen geworden, so hier auch diese Tempel.

Am nächsten Tag sollte uns eine Überraschung erwarten. Wir stiegen mit vielen bhutanischen Familien den Treppenweg zum Jakar-Dzong hinauf. Die Menschen hatten ihre Festgewänder angelegt, und tatsächlich sahen wir hier auch einige Männer mit den kostbaren königlichen Stiefeln, die wir aus Werners Erzählungen schon kennengelernt hatten. Wieder durch mehrere Tore, Gänge, Höfe und Tempel führte der Weg in den größten Innenhof. An seinem Rand ließen wir uns auf Bänken oder auf dem Boden nieder.

Tanzfestival mit Mönchen und Clowns und Vips im Jakar-Dzong

Es herrschte gespannte Erwartung, denn heute war einer von drei Festtagen, die von der Bevölkerung im Tempel gefeiert wurden. Tänzer und Clowns sollten auftreten, man konnte sich im Pfeilwerfen messen und mit Familie und Freunden ein Picknick einnehmen.

Die ersten Tänzer erschienen bald. Sie tanzten den Tanz der Schwarzen Hüte, der der rituellen Reinigung des Platzes diente. Den ganzen Tag über folgten viele verschiedene Tänze; immer trugen die Tänzer farbenfrohe Gewänder. Ihre weiten Röcke drehten sich wie Kreisel und ließen die seidenen Hosen oder Stiefel sehen; die weiten Ärmel fegten manchmal fast den Boden, die großartigen Hüte waren wegen ihrer schweren Aufbauten im Nacken, unter und vor dem Kinn befestigt. Im englischen Ascot beim Pferderennen hätten sie sicher Aufsehen erregt. Damit das festliche Ereignis auch unterhaltsam war, sprangen mitten zwischen den tanzenden Mönchen ihre Lehrer und Zeremonienmeister als Atsaras, als Clowns, herum. Sie sorgten bei religiösen Festen für Spaß. Sie trugen keine Röcke, sondern Hosen und vor dem Gesicht gewaltige, grinsende Masken mit krummen Nasen. Zum großen Vergnügen insbesondere der Kinder schauten sie den tanzenden Mönchen unter den Rock, nestelten an ihren Gürteln herum oder zupften ihre bestickten Schulter- oder Rückentücher zurecht. Einer von ihnen trieb es besonders toll, er äffte die Tänzer nach, konnte es aber natürlich mit ihrer Geschicklichkeit und Eleganz bei weitem nicht aufnehmen.

Wer keine Lust hatte, den ganzen Tag beim Tempelfest zu verbringen, konnte daneben auch beim Kuru junger Männer zusehen, dem Pfeilwurfspiel, oder er konnte an einigen Ständen Naschwerk und Souvenirs kaufen.

Wir sahen uns am Nachmittag den Ort Jakar an. Es gab, wie in Timphu, eine rege Bautätigkeit. Hier waren jedoch, anders al in der Hauptstadt, die Hauswände aus Bambus geflochten. Wir spazierten vorbei an einem

Café, ein paar Marktständen, wo Obst und Gemüse einfach auf dem Boden ausgebreitet lagen, an einem Laden für Mönchsgewänder unmittelbar neben einem bescheidenen Autoersatzteillager und durch einen kleinen Supermarkt. Dort gab es außer einer beachtlichen Auswahl an Obst und Gemüse auch die harten Käsewürfel auf Schnüren, vielerlei Gewürze, in Plastik abgepackt, sowie Wolle und von der Decke herabhängende Kleidung.

Im Zentrum des Ortes stand ein Straßenschild mit der Entfernungsangabe nach Thimphu: 267 km. Für diese Strecke waren wir – allerdings mit Besichtigungen – fünf Tage unterwegs gewesen; am nächsten Tag sollte die Fahrt wieder zurückgehen, auf demselben Weg, den wir gekommen waren, denn es gab keinen anderen. Dazu mussten wir am Morgen sehr früh aufstehen, denn Sonam drängte darauf, noch vor sechs Uhr abzufahren. Er lieferte die Begründung gleich mit: Ab neun Uhr würde die Straße wegen Bauarbeiten gesperrt. Wer die Baustelle bis dahin nicht passiert habe, müsse bis zum späten Nachmittag warten, ehe er weiterreisen könne. Es gab keine andere Reisemöglichkeit außer über diese einzige Straße. Der ohnehin spärliche Fernverkehr über den „Highway" werde deshalb vorübergehend ganz eingestellt.

Unsere beiden kleinen Busse passierten die Baustelle, an der Felsen weggesprengt wurden, gerade noch rechtzeitig. So war der Tag lang genug, um noch am Nachmittag spontan eine Dorfschule zu besuchen.

Über eine Holzbrücke ging es zu den Baracken, die von zwei Seiten einen Platz begrenzten. Auf ihm waren neben einem alles überragenden Baum einige kleine Blumenbeete angelegt. In der hinteren Ecke stand für die Schüler ein Toilettenhäuschen, wie es in unseren Heimatländern auf Baustellen häufig zu finden ist. Wir gingen mit dem Schulleiter von Klassenzimmer zu Klassenzimmer, deren Ausstattung wahrlich einfach war: einige Tische und Stühle, wenige Regale vor Wänden, von denen die Farbe abblätterte. In den Regalen lagen Bücher, die uns allen vertraut waren: Tom Saywer, Aschenputtel, Die Prinzessin auf der Erbse, Rumpelstilskin (so geschrieben!), Rotkäppchen, der Rattenfänger von Hameln, alle Titel auf Englisch. „Heidi" ließ die Herzen der Schweizer höherschlagen. An einigen Wänden hingen Plakate mit Regeln für das Zusammensein, an anderen die typische Ernährungspyramide mit den Hinweisen: Iß weise, vermeide „junk food". Gab es hier die gleichen Probleme wie in Europa?

Die Kinder trugen Schuluniformen, die Mädchen einen karierten langen Rock und ein blaues Jäckchen mit roten Manschetten, die Jungen die kniekurzen karierten Ghos. Alle waren sehr fröhlich, liefen im Klassenraum umher, wenn gerade eine Unterrichtspause war, und freuten sich über die interessierten Gäste.

In der Schule

Am Abend waren wir vollkommen erschöpft; zwölf Stunden waren die Busse an diesem Tag unterwegs gewesen, davon neuneinhalb Stunden reine Fahrzeit für eine Strecke von 195 Kilometern. Der Anblick zweier Lastwagen, die offenbar steile Abhänge hinuntergestürzt und zerquetscht nur von starken Bäumen an den Steilwänden vor einem Totalabsturz bis ganz tief unten auf den Talgrund bewahrt worden waren, ließ auch uns in den Steinöfen auf den Paßhöhen manches Dankgebet für die eigene sichere Reise mit dem Rauch verbrennender Blätter und Zweige gen Himmel schicken. Gewiß aber hatten die Fahrer mit ihrer behutsamen Fahrweise einen großen Anteil an der guten Reise.

Zurück in Thimphu, besuchten wir weitere traditionelle Handwerksstätten, die unser Vetter Werner auch schon dokumentiert hatte. Die eine war eine Papiermanufaktur, von denen es in ganz Bhutan nur noch zwei oder drei Betriebe gibt. Das feine Papier wird aus den Blättern des Seidelbastes hergestellt. Sie werden in mehreren unterschiedlichen Verfahren gewässert, mit Sieben geschöpft, dann getrocknet und geschnitten. In einer anderen Manufaktur wurden Thangkas gemalt. Von Vorlagen wurden durch feinste, von Hand gepunzte Löcher und mit farbigem Puder die Umrisse der Bilder auf den Stoff übertragen und dann von

Hand mit Farben aus zerstoßenem Gestein, Pflanzen oder Erde ausgemalt. Der größte zu der Zeit in der Fertigung befindliche Thangka war aus dem fernen Mexiko in Auftrag gegeben worden, eine Arbeit im Wert von zehntausend US-Dollar.

Das Ende unserer Reise war gekrönt von einem Ausflug zu einem Tempel, dessen Geschichte und Lage ihn zu einem bevorzugten spirituellen Ort für Einheimische und dem spektakulärsten Ziel für ausländische Touristen macht.

Von Paro aus, wo wir zu Beginn der Reise gelandet waren, fuhren wir zu einem lichten Wald. Dort warteten Pferde und Maultiere auf ihren Einsatz. Nachdem jeder ein passendes Reittier zugewiesen bekommen hatte - Michael, der Größte und Schwerste aus unserer Gruppe, bekam das größte Pferd -, machten wir uns hoch zu Roß auf den Weg. Zwei Treiber feuerten die Pferde immer wieder an, denn freiwillig wären sie sicher nicht den steilen, steinigen, ja felsigen Pfad hinaufgegangen. Es war mühevoll für sie alle, aber ganz besonders für Michaels Pferd, denn der magere Hengst lahmte. Da er aber eigentlich das Leittier war, duldete er es nicht, daß er von anderen Pferden überholt wurde. Immer wieder mal gab es eine Beißerei, die manchen der ungeübten Reiter blaß werden ließ. Fünfzig Minuten plagten sich die Pferde, bevor sie an ein Wasserbecken kamen, wo sie trinken konnten und wo wir eine Pause in einem Teehaus einlegten. Dann ging es zu Pferde weiter bis zu einem kleinen Restaurant. Dort aßen wir zu Mittag, bevor wir zu Fuß weiterliefen. Wir sahen von weitem unser Ziel: das „Tigernest", einen Tempel, der auf einem nackten Felsvorsprung über einem 800 Meter tiefen Abgrund thront, umgeben von Wald. Seinen Namen „Taktshang", („Tigernest") hatte der Tempel bekommen, weil Guru Rinpoche, nachdem er den Buddhismus im achten Jahrhundert auch ins Paro-Tal gebracht hatte, nach Monaten der Meditation in einer Höhle in Taktshang auf einer Tigerin an diesen Ort geflogen sein sollte. Wir hatten solche wunderbaren Möglichkeiten nicht, wir sollten nun 350 Stufen in die Schlucht hinabsteigen, dann 350 sehr steile Stufen auf der anderen Seite wieder hinauf. Nur ich konnte nun nicht weiter mitgehen, denn ich hatte ein lädiertes Knie und konnte sehr schlecht laufen. So gingen alle mit tröstenden Worten, aber ohne mich los.

Ich aber wollte den spektakulärsten Tempel Bhutans auch besuchen. Deshalb nahm ich einige Schmerztabletten und machte mich langsam und vorsichtig kurz nach den Gefährten auch auf den Weg. Es war der großartigste Weg, den ich je gegangen bin, Schritt für Schritt und Stufe für Stufe erkämpft, stets mit dem Blick auf das „Tigernest" auf der anderen Seite der Schlucht, über der Hunderte von Gebetsfahnen wehten. Wie hatte man das Seil über den Abgrund gespannt? Wie hatte man das Material für den Tempel hinaufschaffen und den Tempel bauen können?

Shabdrung Ngawang Namyal hatte hier schon 1645 das alte Heiligtum des Guru Rinpoche besucht. Seine Nachfolger erfüllten seinen letzten Willen und errichteten um 1692 das Gebäude, das bis 1998 hier gestanden hatte. Dann fiel es einem Feuer zum Opfer und brannte bis auf die Grundmauern nieder. Zum Glück konnte der Tempelkomplex aufgrund von Dokumentaraufnahmen neu errichtet werden. Aber wie war das selbst im technischen Zeitalter möglich?

Ich hangelte mich mühsam am Geländer die Stufen der abschüssigen Felswand hinunter, immer den Blick abwechselnd auf den steilen Treppenpfad und auf den Tempel gerichtet. Mit jeder Windung änderte sich der Ausblick, anfangs sah ich den Tempel von oben, später thronte er über mir, danach führten unregelmäßige Stufen wieder zum Tempel hinauf, vorbei an einer heiligen Quelle. Viele kleine Stupas, von Pilgern hier abgelegt, machten sie zu einem spirituellen Ort. Würde ich wie die anderen den ganzen Weg schaffen? Ich mußte schließlich noch an den Rückweg denken, insgesamt vierzehnhundert Stufen. Auch der Felsenweg, den wir alle mit Pferden heraufgekommen waren, mußte zu Fuß bewältigt werden, denn bergab konnten die Pferde niemanden tragen. Sie hatten längst den Rückweg angetreten.

Als ich am Tigernest ankam, machten sich die Anderen unserer Gruppe schon fast wieder auf den Rückweg. So blieb mir nur Zeit, den ersten Raum neben dem Haupteingang mit seinem Chorten zu sehen, in dem sich die Überreste eines Schülers des Guru Rinpoche befinden sollten. Ich ging nur noch durch ein Gewirr von Gängen und Treppen, bevor auch ich, gemeinsam mit Hans und den anderen, den Rückweg antrat. Den spirituell wichtigsten Ort des Tigernestes, die Meditationshöhle Guru Rinpoches, konnte diesmal niemand sehen, denn sie ist nur einmal im Jahr zugänglich.

Nach den 700 Stufen des Rückwegs gelangten wir in einen Wald. Auf den abschüssigen Hängen wuchsen Baumriesen, die ihre Kronen so hoch und so schlank über unseren Köpfen zusammensteckten, daß wir uns wie in einem gotischen Dom fühlten. Von den Kronen hingen meterlange grünsilbrige Flechten herunter; war es Engels- oder Hexenhaar? Braunrote Blattgirlanden schlangen sich um Stämme und Äste bis in die Baumkronen hinauf, hellrot blühende Lianen umrankten kleinere Bäume. Es war ein Zauberwald! Wieder konnten wir uns, wie von der bhutanischen Tempelmusik, von diesem Anblick kaum loslösen. Bhutan ist eben ein wahres Märchenland.

Der Taktshang-Tempel *Im Zauberwald*

Glossar:

Atsara: Clown, Spaßmacher bei religiösen Festen
Chorten/Stupa: buddhistisches Grabmonument, repräsentierte ursprünglich das Bewußtsein Buddhas
Doma: Kaumasse aus Arekanuß, Kalk und Betelblättern
Druk: Drache   **Drukpa**: Bhutaner
Druk Yul: Name für Bhutan, „Land der Drukpa" oder „Land der Drachen"
Dzongkha: die Sprache Bhutans
Dzong: Klosterburg, Sitz weltlicher und religiöser Macht
Gho: Nationaltracht der Männer
Guru: Lama, religiöser Meister
Kera: Gürtel
Kira: Nationaltracht der Frauen
Lama/ Guru: „religiöser Meister", er kann verheiratet sein; kann, aber muß kein Mönchsgewand tragen
Lhakhang: Tempel, Heiligtum
Nga: doppelseitige Trommel
Guru Rinpoche: richtiger Name Padmasambhava, er kam im 8. Jh. aus dem heutigen Pakistan nach Bhutan und führte hier den Buddhismus ein; von ihm gibt es acht verschiedene Inkarnationen (Wiedergeburten);
Shabdrung: „Derjenige, dem man sich zu Füßen wirft", Ehrentitel für Ngawang Namgyal, den Einiger Bhutans im 17. Jahrhundert, und seine Wiedergeburten
Taktshang: Tigernest
Tangka: religiöses Rollbild als Meditationshilfe

Die fünf Könige Bhutans und ihre Regierungszeit:

Ugyen Wangchuk 1907 – 1926 Vermittler bei heiklen Verhandlungen zwischen Tibetern und Briten; 1905 Orden und Titel eines Knight Commander oft the Indian Empire; am 17. 12. 1907 von der Versammlung der Repräsentanten der klösterlichen Gemeinschaften, der Zivilbeamten und des Volks zum ersten König von Bhutan gewählt. Politische Stabilität, geringes ökonomisches Wachstum.

Jigme Wangchuck 1926 – 1952 Auch er sorgte für politische Stabilität, wiederum nur geringes ökonomisches Wachstum

Jigme Dorje Wangchuk 1952 – 1972 Er schaffte die Leibeigenschaft ab, führte Fünfjahrespläne ein (Schwerpunkt Straßenbau) und bewirkte den Beitritt Bhutans in internationale Organisationen.

Jigme Singye Wangchuk 1972 – 2008 (Er bestieg mit 17 Jahren den Thron) Für ihn lag der Schwerpunkt der sozioökonomischen Entwicklung „auf dem Wohlergehen der Bevölkerung, die aus den Errungenschaften der Gegenwart ihren Nutzen ziehen solle, ohne dabei ihre Identität aufs Spiel zu setzen." (aus Reiseführer „Bhutan" von Françoise Pommaret)

Jigme Khesar Nangyel Wangchuk, König seit 2008